L'UNION LIBÉRALE

ET

LES PARTIS

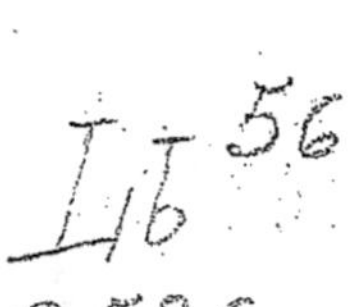

Paris. — Imprimerie de Cusset et C°, rue Racine, 26.

L'UNION LIBÉRALE

ET

LES PARTIS

PAR

E. WIART,

DOCTEUR EN DROIT.

PARIS

E. DENTU, ÉDITEUR,

LIBRAIRE DE LA SOCIÉTÉ DES GENS DE LETTRES,

Palais-Royal, 17 et 19, galerie d'Orléans.

1870

L'UNION LIBÉRALE

ET

LES PARTIS

I

En instituant le suffrage universel, la révolution de 1848 a posé à la France le solennel problème qu'elle doit résoudre sous peine de déchéance : l'établissement d'une démocratie libre.

De là une crise, dont nous avons vu sous nos yeux se dérouler deux phases : quatre ans de luttes stériles d'une part, dix-huit ans d'assoupissement et de dictature de l'autre. Remise enfin de ses frayeurs excessives et rappelée à ses vrais instincts, la France reprend, dans des conditions plus favorables, à mon sens, qu'en 1848, la tâche, au fond toujours la même. Notons aussitôt un trait qui distingue le mouvement libéral de 1869 de ceux de 1830 et de 1848 : le réveil actuel, chez les esprits éclairés, n'est pas enthousiaste et naïf, il est profond et raisonné. L'heure n'est plus aux généreuses illusions, à l'optimisme candide; on accepte le problème parce qu'on le sent fatal; mais on en prévoit les difficultés plus clairement peut-être que la solution, et le souvenir des convulsions passées donne le pressentiment des luttes à venir. Ce sentiment imprime au mouvement présent, tel qu'il se produit dans les esprits honnêtes et réfléchis, un caractère de dignité virile, qui permet d'espérer dans l'avenir des efforts moins incohérents et mieux calculés que dans le passé. On se souvient, cela est visible, et l'on veut profiter des fautes commises. Mais ces leçons que nous attendons de l'histoire, où devons-nous les chercher? Inutile de remonter au delà de 1848 : le suffrage universel a complétement changé les données du problème politique; c'est un fait tellement dominant que les luttes de la monarchie parlementaire, de 1815 à 1848, ne peuvent guère avoir pour nous d'intérêt pratique. Mais, de 48 à 51, le même problème a été posé, qui se reproduit aujourd'hui : il s'est agi de constituer et de maintenir un gouvernement à la fois démocratique et libre. Comment et pourquoi cette tentative a-t-elle échoué? Ces influences funestes, qui vont tendre évidemment à se reproduire, quelles sont-elles? La connaissance du mal nous aidera sans doute à trouver le remède.

Parmi ces causes, nous laisserons à la philosophie de l'histoire celles qui tiennent le plus profondément au caractère de la France, à l'essence même de sa formation historique et de sa constitution politique; nous ne considérerons que les plus extérieures, les plus apparentes; ce sont aussi les plus immédiates, les plus efficaces, et ce sont les seules d'ailleurs, auxquelles il soit possible de remédier rapidement.

Les causes qui ont fait succomber la seconde république

sont au nombre de deux principales : 1° L'effroi qu'ont inspiré les doctrines communistes et socialistes, combinées avec l'attitude menaçante de la démagogie. 2° Les dissensions des partis.

Mais une première observation nous frappe aussitôt : si, après 1848, la première de ces causes a pu dominer quelque temps la situation, c'est qu'au lieu de l'armée régulière, Paris avait pour garnison l'armée de l'émeute ; c'est que les idées subversives menaçaient à chaque instant de s'imposer par la force. Nous n'en sommes plus là, Dieu merci ! les doctrines les plus utopiques, et parfois les plus criminelles, peuvent s'étaler dans les réunions publiques ; le pays commence à les considérer avec plus de curiosité que d'effroi, à compter, pour en diminuer la puissance, sur la discussion libre, sur le progrès des lumières, du bien-être, de la liberté politique et économique, par-dessus tout sur leurs propres excentricités ; disposition d'esprit sage et vraiment libérale, dont nous devons savoir gré avant tout à la garnison de Paris et à l'énergie connue de l'autorité. Nous n'avons donc pas à compter aujourd'hui avec les terreurs qui ont tant contribué à discréditer la seconde république.

Au surplus, dès juin 48, l'anarchie était vaincue. La nation, encore violemment excitée, conservait sans doute à la République quelque rancune des dangers qu'elle avait courus depuis Février ; mais elle ne songeait nullement à la remplacer, et ne demandait qu'à voir l'ordre garanti par une autorité plus énergique et mieux armée ; le républicain Cavaignac était acclamé comme l'homme de la situation : le moment était venu de travailler, dans des conditions plus régulières, à consolider et à développer les nouvelles institutions, à en vulgariser l'esprit dans un sens vraiment libéral et tolérant, sans violenter les transitions, sans irriter les croyances et les préjugés, sans s'exaspérer contre les influences contraires. Les esprits justes et modérés, dans le parti républicain, avaient gémi des violences qui venaient de déchirer le pays; ils devaient comprendre combien elles avaient compromis la popularité de la République, ils sentaient qu'elles leur imposaient une attitude modeste et conciliante. Rien n'était plus facile aux chefs des partis monarchiques que de s'unir à eux, pour affermir, en l'entourant d'institutions vraiment libres et sagement démocratiques, le gouvernement que la France avait accepté, et qui semble bien devoir être son gouvernement définitif. Mais il fallait pour cela se placer sur un terrain franchement constitutionnel, accepter la République sans arrière-pensée; on aima mieux se souvenir de la surprise d'où elle était issue, des déchirements qu'elle avait amenés.

Dès l'élection présidentielle, les chefs des partis monarchiques se déclarent en grande majorité pour la candidature du prince Louis-Napoléon, non par sympathie pour lui, mais en haine du républicanisme de Cavaignac. Le succès de cette candidature, qu'ils considèrent comme le leur, ne fait que les encourager dans cette voie. Sous le nom de comité de la rue de Poitiers, se forme une coalition de toutes les opinions monarchiques, qui exerce sur les élections de 49 une influence violemment réactionnaire ; elle fait entrer à l'Assemblée législative une majorité anti-constitutionnelle qui, grâce au funeste affaiblissement des républicains modérés, ne trouve guère en face d'elle qu'une minorité révolutionnaire, ulcérée et prête à tout. Le 13 juin vient montrer à la fois l'incorrigible entêtement, et l'impuissance, désormais avérée, du parti de l'émeute ; toute crainte de désordre a disparu : moment singulièrement favorable pour inaugurer une politique conciliante et réparatrice. Tout au contraire, la réaction aveuglée par son triomphe, se précipite dans une voie de plus en plus exclusive et tyrannique. L'état de siége, la juridiction des tribunaux militaires appliquée aux crimes et délits politiques, l'enseignement livré aux influences réactionnaires et cléricales, des mesures rétrogrades contre la presse et les réunions, même électorales, enfin la mutilation du suffrage universel par la loi du 31 mai, sont les actes les plus saillants de cette « expédition de Rome » à l'intérieur, comme l'a baptisée un des chefs les plus ardents de cette politique étroite, haineuse et timorée.

Mais bientôt on ne se contente plus d'imposer à la République des institutions rétrogrades : les demandes de révision de la constitution, les pèlerinages à Claremont et à Wiesbaden, montrent qu'on veut s'attaquer à son existence même ; l'esprit de légalité semble avoir disparu, les partis affichent publiquement leurs espérances et leurs intrigues. Cependant on commence à se demander si c'est dans l'assemblée seulement que l'on conspire contre la constitution ; la politique ambiguë et personnelle du Président inquiète les esprits clairvoyants, M. Thiers pousse le cri d'alarme : l'Empire est fait, et quelques mois plus tard, il vote, avec plusieurs de ses amis, contre la révision de la Constitution. Vains efforts pour revenir sur les fautes commises, pour ramener à une politique d'intérêt public et de salut commun des partis acharnés à leurs rancunes et à leurs intrigues ! Ils n'empêchent pas l'assemblée de condamner cette constitution, déjà si menacée, à une majorité considérable, suffisante, sinon pour en amener la révision (1), du moins pour la discréditer et l'affaiblir. Tout pour satisfaire les passions et favoriser les intérêts de parti, rien pour l'entente nécessaire, pour le bien public, pour l'amélioration et la consolidation du gouvernement légal, c'est ainsi que peut se résumer la conduite d'une majorité, généralement composée d'hommes

---

(1) Il fallait les deux tiers des voix.

honnêtes, et contenant un nombre considérable d'hommes éminents : funeste égarement de l'esprit de parti ! Juste châtiment d'une attitude fausse, parce qu'elle n'a pas été d'abord loyalement et sincèrement légale !

Quel effet devait produire une telle politique sur le parti adverse, déjà trop enclin à la violence ? Il est facile de le deviner : furieuse et altérée de vengeance, la gauche révolutionnaire ne négligea rien pour effrayer et éloigner les esprits modérés : les récriminations, les provocations, les appels, plus ou moins voilés, au désordre, par-dessus tout, l'espérance, affichée avec ostentation, d'une revanche à prendre aux élections de 52, tels sont les principaux traits d'une attitude, qui n'a plus rien de politique, et que la passion seule inspire. On le vit bien lors de la proposition des questeurs : quinze jours avant le 2 décembre, la montagne, fidèle à sa haine contre la majorité, refusait au président de l'Assemblée le droit de requérir directement la force armée.

Quelle conclusion résulte avec évidence de ce rapide exposé ? C'est que, même après 48, ce sont les dissensions des partis, leur impuissance à se placer sur un terrain sincèrement constitutionnel et légal, qui ont entraîné l'oubli du bien public et de la défense commune, la répudiation des idées de tolérance, l'impossibilité d'une entente patriotique. De là les agitations irritantes et stériles d'une assemblée, où les factions n'avaient pour but que de se combattre et de s'opprimer, où la liberté et la loi étaient livrées en proie à la violence et à l'intrigue. Là se trouve, on ne peut en douter, la cause véritable, la cause principale, qui a discrédité et perdu la République, et, avec la République, la liberté. Les terreurs inspirées par les doctrines subversives y ont contribué sans doute, mais pour une part secondaire. Aujourd'hui, nous l'avons dit, ces doctrines sont impuissantes à faire le mal, comme le despotisme a été impuissant à les supprimer ; la nation comprend que le mieux est de les laisser se produire, en leur ôtant tout espoir de s'imposer par la force. C'est contre l'autre ennemi, contre les divisions et les intrigues de parti, que notre patriotisme doit reporter tous ses efforts. Nous savons maintenant ce qu'il en coûte de se refuser mutuellement toute concession, et de s'obstiner chacun dans sa passion et son parti pris. L'épreuve a été rude : nous profitera-t-elle, au moins ? Unis pour reconquérir la liberté, saurons-nous rester unis pour la consolider et l'appliquer ? Terrible épreuve, d'où dépend l'avenir de la France.

Un grand effort se fait en ce moment pour réunir une majorité consistante dans une œuvre de progrès pacifique, de libéralisme conservateur. Déjà d'importants résultats ont été obtenus, si importants qu'ils peuvent être considérés comme le gage assuré de la plupart des réformes libérales que réclame l'opinion. Puissant au Corps législatif, puissant dans la presse, le parti *conservateur-libéral* jouit en ce moment d'une popularité, méritée par ses intentions et par ses services. A la Chambre, la gauche s'efface avec une abnégation méritoire, pour laisser faire le bien ; dans les journaux sérieux, dans les conversations privées, partout nous voyons l'opposition forcée de baisser le ton, de prendre au sérieux la situation nouvelle, de se prêter, au moins en apparence, à la grande expérience instituée devant le pays. Mais que de préjugés encore ! Que de défiances excessives ou affectées ! Que d'hostilités ouvertes ou déguisées ! Que d'injustices envers les personnes, de dénigrement systématique envers les choses ! Une grande partie de l'opposition supporte à peine une demi-trêve, en attendant des libertés nouvelles, qu'elle compte bien faire tourner au discrédit et à la ruine du gouvernement. Que sera-ce, quand les réformes constitutionnelles seront terminées, quand le parti conservateur-libéral ne pourra plus dominer l'attention du pays par la perspective, sans cesse renouvelée, d'améliorations considérables ? La lutte ne deviendra-t-elle pas plus difficile contre les revendications excessives, les exagérations utopiques, les insinuations, les récriminations passionnées, les efforts de tout genre faits pour exciter l'opinion, et pour exploiter ses impatiences ?

Deux forces évidemment sont en présence : d'une part, l'esprit à la fois libéral et conservateur, qui anime incontestablement la majorité du pays ; d'autre part, les mauvaises traditions, les dissidences irréconciliables, les prétentions absolues et tyranniques, les préjugés, les rancunes, tout ce qui constitue, en un mot, l'esprit de parti. Qui l'emportera dans cette lutte ? Allons-nous retomber dans les déchirements anciens ? Allons-nous voir de nouveau des partis, oublieux de la loi, sacrifier sans scrupule à leurs ambitions et à leurs colères les véritables intérêts du pays, et discréditer, par leur exclusivisme et leurs violences, la liberté à peine reconquise ? Pouvons-nous espérer, au contraire, qu'un libéralisme tolérant, des concessions sages et patriotiques prévaudront sur l'esprit de secte, et réuniront la majorité des bons citoyens dans une œuvre de bien public, d'amélioration et de réformation féconde et durable ?

Certes, en considérant le besoin de conciliation et de conservation qui se fait jour de toutes parts, on est porté à espérer. Gardons-nous cependant de nous faire illusion ; il ne suffit pas que ce besoin existe, il ne suffit même pas qu'il soit puissant. Pour qu'un homme se corrige d'un défaut, ce n'est pas assez qu'il le connaisse, et qu'il le déteste ; or, il en est des nations et des partis comme des individus ; la nature des choses est ici plus forte que la bonne volonté des hommes : supposez une assemblée composée, comme celle de 49, de partis profondément divergents et hostiles ; quel que soit le besoin d'une entente, quelles que soient d'abord les dispositions conciliantes, des luttes d'opinion et de sentiment ne tarderont pas à éclater, et des idées inconciliables amèneront forcément la discorde. Deux partis peuvent s'entendre à la rigueur pour une coalition temporaire ; mais leur demander de s'entendre d'une manière permanente, c'est leur demander d'abdiquer. Il est bon sans doute de prêcher la conciliation, mais il serait puéril de s'en contenter. Pour éviter, dans l'avenir, les dissensions qui nous ont perdu dans le passé, il faut une transformation plus profonde de l'esprit public ; il faut qu'il se forme un parti nouveau, ou, si l'on veut, une opinion nouvelle, ayant son principe et son but propres, qui parvienne à conquérir la majorité de l'opinion, et à absorber ou dominer les anciens partis. C'est le rôle que s'est assigné le parti libéral-conservateur.

Quelles sont ses chances de vitalité et de succès ? Question qui se décompose en deux autres : 1° A-t-il pour lui le courant de l'opinion ? 2° A-t-il un principe et un but propres ? Procède-t-il d'une conception politique supérieure à celle des anciens partis, qui tende à les dissoudre et à les absorber ? Nous le croyons pour notre part, et nous essayerons de le démontrer dans ces quelques pages, en déterminant les caractères du mouvement d'opinion auquel nous assistons, en en dégageant l'idée dominante, et en montrant quel degré de résistance cette idée doit rencontrer dans les doctrines et les sentiments des anciens partis.

Une étude aussi générale ne peut aspirer, sans doute, à profiter, pour sa part, de l'intérêt, justement passionné, qu'excite chaque incident, chaque phase de ce qu'on peut appeler la révolution de 1869 ; elle n'a pour elle ni le piquant de l'actualité proprement dite, ni l'attrait d'un résultat pratique immédiat. Mais nous croyons que cette manière d'envisager les faits d'ensemble peut avoir aussi son utilité. Si l'opinion s'émeut si facilement, si tour à tour les événements nous ravissent, nous déconcertent, nous rassurent, nous effrayent, c'est que, absorbés outre mesure par les incidents de chaque jour, par l'intérêt des coups de théâtre, par nos passions et nos émotions personnelles, nous sommes enclins à accorder trop d'importance au hasard, et à la volonté des acteurs, qui occupent la scène politique, et nous ne tenons pas assez compte des causes générales et permanentes, dont l'étude seule permet de prévoir.

II

Le mouvement d'opinion auquel nous assistons remonte à dix ans environ. Les terreurs commençaient à se calmer, les rancunes à s'assoupir, lorsque la guerre de 59 et le traité de commerce vinrent exciter les esprits de diverses façons. Une guerre entreprise pour la délivrance d'un peuple, et ayant pour résultat de le doter d'institutions infiniment plus libres que les nôtres, cela formait avec notre situation intérieure un contraste trop saillant pour ne pas frapper tous les esprits qui avaient conservé quelques préoccupations patriotiques. Le traité de commerce, les inquiétudes soulevées dans un certain parti par les triomphes révolutionnaires de la politique italienne, et par l'explosion de la question romaine, troublaient en même temps, dans ses couches les plus profondes, le parti conservateur à outrance. Toutes ces excitations devaient contribuer à accélérer un mouvement, que l'évolution naturelle des idées ne pouvait d'ailleurs manquer de faire éclater bientôt. Lasse de craintes et d'agitations, la France avait pu s'accommoder d'une dictature, elle ne pouvait considérer ce régime comme durable. Elle avait accepté la constitution de 52, sans presque se donner la peine d'en prendre connaissance ; elle ne pouvait y regarder de plus près, sans voir aussitôt quel abîme la séparait de ces principes de 89, gravés à son frontispice. Les commentaires de Troplong et les gloses de M. de Persigny ne pouvaient faire oublier, dans la patrie de Voltaire, de Mirabeau et de M. Thiers, cette notion, si simple et si nette, des *libertés nécessaires*. Le gouvernement, paraît, tout en tenant compte des autres causes qui devaient déterminer une évolution de l'esprit public, s'être fait illusion sur ce dernier point, et avoir pris trop au sérieux l'adhésion de la France aux principes de 52. C'est ce qui explique, d'une part, la juste et prudente inspiration qui dicta le décret du 24 novembre, d'autre part, le caractère incomplet de cette réforme, la marche indécise du pouvoir dans cette voie libérale, où il était entré spontanément, et où plus tard il eut le tort de se laisser pousser, hésitant et louvoyant sans cesse, s'exagérant son prestige et l'inertie du pays, ne pouvant croire à un mouvement d'idées aussi net et décidé. Ce qui lui paraissait sans doute le plus cruel, c'était de renoncer à son utopie de 52, et de venir à resipiscence devant les doctrines qu'il avait bafouées comme bonnes pour l'étranger et les anciens partis, mais indignes de la France démocratique et napoléonienne ; doctrines pourtant, qui devaient triompher de toutes les résistances, parce qu'elles sont vraies, parce qu'elles sont les conditions essentielles de la liberté politique dans tous les temps et dans tous les pays, parce qu'il devait arriver un jour, où la France s'en apercevrait clairement, et où il faudrait renoncer à tout espoir de lui faire illusion.

Quoi qu'il en soit, la politique du 24 novembre, en rendant au Corps législatif le droit de parler au pays, et en allégeant la servitude de la presse, ne pouvait que fortifier le mouvement libéral ; il se dessina puissamment déjà aux élections de 63.

Nous rencontrons ici la première manifestation grave du réveil de la nation. Quelle idée maîtresse y préside? Quel sentiment dominant y éclate? Quel est le mot d'ordre de la lutte électorale? Il est dans ces deux mots : *Union libérale.*

Que signifiait cette formule? Une chose aussi simple que naturelle : entente de tous ceux dont la préoccupation *dominante* était l'extension des libertés publiques. Il suffit de l'énoncer pour reconnaître qu'il s'agit ici d'un fait spontané, résultat de la force des situations et de la logique des idées.

C'est seulement dans le choix des candidats, c'est-à-dire dans
un détail d'application, que la presse et les hommes politiques
ont pu exercer une influence ; leur intervention toute indi-
quée ne justifie en rien les accusations d'intrigue et de coalition artificielle, que la presse gouvernementale n'a pas hésité
à produire en ce temps-là avec une assurance, qui révèle le
parti pris ou une inconcevable infatuation. Il n'y avait là rien
d'artificiel, mais une évolution naturelle de l'esprit public,
un mouvement qui devait devenir irrésistible, parce qu'il
était sincère et juste. Aussi ne fit-il que croître et se développer sans effort et même sans résistance, pour éclater vic-
torieusement aux élections de 69. Inutile d'insister sur des
faits présents à la mémoire de tous ; mieux vaut chercher le
principe de cette double tendance libérale et conciliatrice,
qui domine le mouvement d'opinion auquel nous assistons, et
qui a présidé aux deux manifestations électorales de 63 et
de 69 (1). Que signifie vraiment cette formule, née spontanément comme l'idée qu'elle exprime : Union libérale ? Quel
en est le sens profond, quelle est la portée véritable de l'idée
qu'elle contient ?

Cette portée ne paraît pas, au premier abord, dépasser celle
d'une entente occasionnelle, conçue à un point de vue pratique. Pourquoi, semble-t-on s'être dit, ne pas laisser mo-
mentanément ce qui nous divise, pour ne nous occuper que
de ce qui nous unit ? Nous sommes d'accord pour attaquer
l'absolutisme gouvernemental et revendiquer la liberté ; cela
nous suffit pour le moment, travaillons-y de concert.

En effet, dans beaucoup d'esprits, la conception de l'union
libérale n'a pas dépassé cette portée. Luttons ensemble pour

---

(1) Je parle, on le comprendra, de l'ensemble, et je fais abstraction
de quelques divergences, de quelques exagérations, de quelques excentricités plus bruyantes que significatives.

2

la cause commune, et remettons le reste à l'avenir, disaient des citoyens plus courageux que prévoyants ; et quelques-uns *in petto :* Abattons d'abord l'ennemi commun, nous nous battrons ensuite pour prendre sa place.

Mais si, négligeant ces conceptions étroites et superficiel-les, on cherche au fond de la conscience nationale l'idée essentielle, l'idée transcendante, comme dirait un Allemand, de l'union libérale, on lui reconnaît bientôt une autre portée.

En méditant, dans les loisirs forcés que leur faisait le régime de 52, sur les destinées de la France, sur son impuissance à fonder une liberté solide, sur ses bouleversements continuels, et sur cette sorte de fatalité, qui semble la ballotter entre la révolution, d'une part, et la réaction despotique, de l'autre, les esprits politiques crurent en trouver la cause principale dans un fait également tout français, la concentration excessive, l'organisation formidable, la puissance démesurée de l'administration. On se mit à démonter cette merveilleuse machine, qui aboutit du ministre au garde champêtre ; on y montra une impulsion unique, se transmettant avec une infaillible régularité du sommet à la base, une autorité omniprésente, écrasant de son contrôle le département, la commune, toutes les associations qu'il lui plaît de tolérer, dominant par la séduction ou la crainte l'individu impuissant et isolé. On montra le corps tout entier de l'administration, de l'armée à l'université, de la magistrature aux fonctions les plus infimes et les plus étrangères à la politique, dominé par l'espoir de l'avancement ou la crainte de la défaveur, et asservi aux intérêts du parti gouvernant. On opposa à ce tableau celui des nations vraiment libres, comme l'Angleterre et les États-Unis. On put ainsi s'expliquer, d'une part l'impossibilité pour la nation d'échapper à la servitude, d'autre part la tentation qu'éprouvent les partis de mettre la main, chacun à leur tour, sur ce formidable instrument de domination, et la facilité avec laquelle la France obéit à tout gouvernement qui devient maître de Paris.

Une fois le mal constaté, le remède allait de soi; il fallait renoncer à l'ancien système des révolutions et des coups de théâtre, dont l'impuissance devenait aussi évidente que l'était déjà le danger ; les écoles qui apportaient pour panacée une certaine forme de gouvernement central étaient dépassées. Il fallait avant tout *désemmaillotter* la France, rendre aux forces naturelles leur libre jeu, diminuer la dose de gouvernement, émanciper autant que possible les êtres collectifs (départements, communes, associations), favoriser pour les citoyens les moyens de s'entendre, de s'agglomérer, de se défendre, de lutter contre l'administration. C'est la doctrine dite de décentralisation.

Ainsi, à côté des revendications élémentaires de l'ancienne école, à côté des libertés qu'il suffit d'écrire dans une charte, il fallait un travail de réforme positive et patiente, qui devait modifier la Constitution du pays dans ses dernières profondeurs et dans ses plus intimes détails, réagir contre l'œuvre de l'histoire, s'attaquer, chez le peuple français, à plus d'un instinct naturel ou acquis : réforme des mœurs presque autant que des institutions, et qui doit s'accomplir pacifiquement et pas à pas, comme toutes les choses profondes et durables. Il ne s'agit plus de changer la forme de l'autorité centrale, il s'agit d'en diminuer le *quantum*.

Ainsi la liberté deviendra possible sous toutes les formes de gouvernement, car l'organe principal du despotisme leur manquera ; aujourd'hui elle n'est possible sous aucune , car jamais le pouvoir, on l'a bien vu en 48, ne pourra résister à la tentation d'abuser de sa force, et de *diriger l'opinion*. Ces formes deviennent donc chose relativement indifférente, et les questions qui s'y rapportent sont secondaires et inopportunes : il convient de les réserver jusqu'à la solution d'un problème plus important. Les révolutions perdent ainsi toute raison d'être comme utilité, en même temps que la souveraineté nationale, exprimée par le suffrage universel, leur interdit toute prétention raisonnable à la légitimité. C'est ce que l'instinct populaire a également compris ; en constituant l'union libérale, il lui a tracé son programme. Écoutez de toutes parts ce cri dominant : *Liberté sans révolution.*

Envisagée à ce point de vue supérieur, l'union libérale n'est pas une union des partis, c'est un parti nouveau, qui tend à dissoudre et à absorber les autres. Elle n'a pas pour objet une entente factice, temporaire, occasionnelle ; elle vise à une conciliation radicale, ou plutôt à une fusion. Quelle force de résistance va-t-elle rencontrer dans les préjugés, les sentiments, les habitudes des anciens partis ? C'est ce qu'il nous reste à examiner,

III

On a conservé l'habitude de diviser la France politique en quatre partis : le parti légitimiste, le parti orléaniste, le parti bonapartiste et le parti républicain. Cela est vrai en un sens ; si la France se trouvait sans gouvernement, si, comme pour tuer le mandarin dont parle Rousseau, chaque Français n'avait qu'à pousser un bouton pour donner au pays le gouvernement de son choix, l'un se déciderait pour un Bonaparte, l'autre pour un d'Orléans, un troisième pour Henri V, un quatrième enfin, pour la République. Mais le théâtre des faits politiques n'est pas un théâtre de féerie ; certes la série des révolutions et des coups de main, qui compose notre histoire depuis quatre-vingts ans, ne l'y fait que trop ressembler, et l'on n'a vu que trop souvent les hommes de parti pousser aveuglément au désordre et à la désorganisation de ce qui existe, dans l'espoir coupable de voir sortir leur numéro à la fatale loterie des révolutions ; pourtant, il faut bien le reconnaître, cette politique d'aventure commence à perdre crédit aux yeux de la nation ; l'avénement du suffrage universel a introduit dans le mouvement politique un élément beaucoup plus lourd à remuer, et à entraîner au gré des intrigues de parti. D'autre part, en aggravant la portée des bouleversements politiques, et en les compliquant de convulsions sociales, la démocratie a imposé aux entraînements irréfléchis d'austères réflexions ; on commence à revenir sur ces caprices d'enfant, qui casse tout jusqu'à ce qu'on lui donne le joujou préféré. On commence à comprendre que la politique n'est pas affaire de sentiments intimes et de vœux personnels, qu'elle est affaire de pratique et d'entente commune, qu'il y faut tenir compte moins de l'idéal que du possible, qu'elle s'accommode mieux des résignations prudentes que des entêtements chevaleresques , qu'il importe moins de savoir par qui le pays est gouverné que de savoir comment il l'est. Ainsi se forme un puissant courant d'idées, qui tend à négliger les partis, dans le vieux sens de ce mot.

Ne reconnaissant d'autre critérium politique que l'intérêt public, cette opinion refuse de se compromettre dans les rivalités de hautes ambitions personnelles ; quant aux questions de forme gouvernementale, elle ne leur accorde qu'une valeur relative, à raison de la concordance plus ou moins grande, que peut avoir chacune de ces formes avec les besoins et les aspirations du pays. Que reste-t-il des croyances dynastiques ? Quelques dévouements inspirés par les souvenirs, la reconnaissance ou l'ambition. Dans les dix années de calme glacial qui ont inauguré le second Empire, des hommes distingués, réduits à l'impuissance, n'ayant à craindre aucun bouleversement, à espérer aucune réforme ont pu exprimer avec vivacité des sympathies ou des antipathies purement platoniques ; mais une fois rendus à la vie active, et rejetés dans le terrible courant d'une démocratie libre, ils sont pour la plupart trop intelligents et trop honnêtes, pour ne pas subordonner à l'intérêt de la patrie leurs affections, leurs rancunes et leurs regrets.

Si l'on regarde au delà de l'écorce, si, rejetant les anciennes étiquettes des partis, négligeant les passions qui peuvent animer encore certains politiques de profession, on pénètre dans les masses profondes qui composent le courant de l'opinion, il est facile de le reconnaître, les sentiments dynastiques tendent à s'effacer de jour en jour. Si le gouvernement l'avait mieux compris, il se serait moins répandu en puériles colères contre « les anciens partis », et il n'aurait pas nourri l'illusion de ressusciter à son profit des sentiments de foi et de dévouement à une famille souveraine, qui sont incompatibles avec les idées de la France moderne. La superstition monarchique est morte, et bien morte; en ce sens on peut dire que la France est virtuellement républicaine. Si l'on excepte un nombre insignifiant de légitimistes, qui croient encore aux droits d'une famille royale, les partisans de la monarchie n'ont qu'une opinion purement négative, ils repoussent la République par des considérations, non de principe, mais d'intérêt actuel; ils se rattachent aux institutions monarchiques, comme présentant des conditions particulières d'ordre et de stabilité.

Mais ces institutions elles-mêmes, on peut les concevoir de deux manières toutes différentes : pour les uns, la monarchie n'est qu'une forme tempérée de la République : au-dessous d'une personnalité inviolable, dont l'autorité, plus honorifique que réelle, sert de frein aux compétitions et de lest au corps politique, toutes les aspirations de la liberté et de la démocratie peuvent se déployer (1). Pour les autres, la forme monarchique ne sert précisément qu'à comprimer ces aspirations; elle n'est que la réaction armée. Ces deux partis sont séparés par un abîme, et en réalité bien plus éloignés l'un de l'autre, que ne l'est le parti monarchique libéral du parti républicain.

Somme toute, il y a en France trois grands partis, ou, si l'on veut, trois grandes opinions : l'opinion monarchique absolutiste, l'opinion monarchique libérale, l'opiniou républicaine. Dans quelle position se trouve chacune d'elles par

---

(1) Ceci est vrai, au moins théoriquement; car on ne peut nier qu'en fait certains monarchistes, même des plus éclairés, ne nourrissent contre la démocratie de fâcheuses préventions.

rapport à la situation actuelle ? Que peuvent attendre de chacune d'elles les partisans d'une union politique, inspirée par des idées de tolérance et de liberté ?

Ce qu'ils peuvent attendre du parti monarchique absolutiste, rien de plus clair : la résistance et l'hostilité. Heureusement cet ennemi est aujourd'hui en grand désaroi : battu par le flot de l'opinion, qui se précipite en sens contraire, abandonné par un gouvernement qu'il croyait pour toujours condamné à son alliance, se considérant comme trahi par lui sans oser le dire, affaibli par la désertion de ceux qui n'aiment pas à lutter contre le courant de la faveur et du succès, le parti absolutiste expie sa trop longue domination par une situation piteusement ridicule. Si le gouvernement continue à marcher franchement dans la voie libérale, tout en opposant aux séditieux une résistance invincible, capable de leur ôter tout espoir comme toute crainte aux citoyens paisibles, ce parti est comdamné à voir passer les événements sans pouvoir les arrêter, et à faire écho, par ses colères et ses lamentations puériles, aux impuissantes excentricités de la démagogie. Le parti libéral n'a qu'une chose à faire, le négliger, attendre qu'il s'affaiblise progressivement, et finisse par se dissoudre, ce qui n'arrivera que le jour où l'expérience aujourd'hui tentée aura été définitivement menée à bonne fin.

Le parti républicain contient, de son côté, des éléments, qui ne sont pas moins absolument réfractaires aux idées de tolérance et de liberté. Les communistes et les socialistes, confiants dans des utopies économiques, auxquelles ils demandent la suppression de la misère, n'hésitent pas à surbordonner à ce résultat toutes les questions politiques, et par conséquent les doctrines libérales. En théorie, leur idéal est l'organisation à son degré le plus formidable, l'annulation, aussi complète que possible, de l'individu, l'omnipotence absolue de l'État ; en pratique, leur seule tactique a toujours de l'insurrection. Les jacobins ont une théorie moins précise, ou, pour parler exactement, ils n'ont que des préjugés et des fureurs. Produit des passions haineuses de la mauvaise démocratie et d'un culte fétichiste des souvenirs de la révolution française, ce parti semble avoir pour idéal la dictature d'un certain nombre de furieux, qui domineraient la France par la terreur, et seraient eux-mêmes asservis aux caprices de la multitude. La liberté consiste pour eux dans les insurrections sanglantes et les manifestations de quatre-vingt mille hommes, défilant devant l'assemblée pour lui signifier les volontés du peuple. Le peuple, on le sait, ce n'est pas la nation, exprimant sa volonté par des élections libres; c'est un être mystérieux, dont ils sont les pontifes, et qui s'incarne de temps à autre dans la partie la plus turbulente et la moins respectable de la population ouvrière de Paris. C'est ce qui s'appelle « quitter un constitutionnalisme énervant, et rentrer dans l'absolu des principes. » (Manifeste de M. Ledru Rollin, nov. 69.) Tout le reste est du « parlementarisme. »

Ces deux partis sont les plus dangereux ennemis de la liberté. Que n'ont-ils pas fait pour perdre la République et jeter la France, folle de terreur, dans les bras du despotisme ! Les socialistes, du moins, ont pour excuse la générosité de leur mobile : le sentiment profond de la misère et le désir passionné d'y porter remède ; les jacobins ne méritent que la haine qu'ils ont pour tout ce qui n'est pas eux. Tous sont aux antipodes du libéralisme. Donc rupture absolue et éclatante avec eux. Les républicains libéraux n'obtiendront de la nation une confiance entière, que le jour où une scission radicale les aura pour jamais séparés de ces deux factions, qui n'ont en réalité de commun avec eux que le mot République, inscrit sur leur drapeau. L'excès de tolérance est ici une faiblesse et une faute grave; je ne parle, cela s'entend, que des idées, non des personnes : il serait absurde d'exiger qu'on méprisât le loyal

et patriotique insensé qu'on appelle Barbès, et qu'on refusât
son admiration à ce héros, plus grand cœur encore que petit
esprit, qui a nom Garibaldi.

Le terrain ainsi déblayé, en écartant d'une part les rétrogrades et de l'autre les insensés, il reste deux partis considérables, honnêtes et intelligents, dignes de s'entendre pour
le bonheur et la gloire du pays, le parti monarchique libéral
et le parti républicain. Quelle carrière à leur noble activité !
Restituer à la France les libertes élémentaires, les libertés de
l'ancienne école, puis, armés d'une science politique plus
profonde et plus positive, revenir sur le travail des siècles pour
en corriger les fausses tendances, débarrasser le corps social
des savantes entraves dont l'enlace la centralisation, rendre
à chacun de ses membres son jeu naturel, faire ainsi péné-
trer jusque dans ses dernières fibres le culte des intérêts généraux, le patriotisme pratique et raisonné des démocraties
éclairées, remplacer les instruments de despotisme et de révolution par des agents de progrès sûr et pacifique, rendre à ses
destinées et à ses instincts naturels la nation de 89, fortifiée
par l'expérience de ses fautes et de ses malheurs, abordant
l'avenir, non plus avec les candides illusions de la jeunesse,
mais avec les sévères convictions de l'âge mûr ! Voilà l'œuvre
à accomplir, sous peine de retomber plus profondément dans
les anciens abîmes; voilà l'œuvre que la nation réclame de ceux
que la fortune ou le talent ont mis en état de la servir, la nation,
dégoûtée des agitations stériles de l'ancienne politique, et plus
ennemie encore des révolutions qu'amie de la liberté.

A cette grande œuvre que faut-il ? L'union, le sacrifice des
rancunes de parti, des idées absolues et dogmatiques, le sacrifice aussi d'anciennes croyances et de sentiments respectables
justement offensés. Nous touchons ici au point délicat, et nous
voudrions, sans faire fléchir ce qu'exigent la vérité et l'intérêt
national, éviter de froisser de nobles susceptibilités; mais le

succès du mouvement libéral est à ce prix, nous en sommes profondément convaincus : il faut que tous les vrais libéraux renoncent à l'opposition hostile et absolue, qu'ils abdiquent non-seulement les pratiques, mais les sentiments révolution-naires, qu'ils acceptent la situation, telle qu'elle s'offre à eux, et qu'ils essayent de l'améliorer dans le sens de leurs convictions, qu'ils fassent de l'opposition, si ces convictions l'exigent, mais de l'opposition constitutionnelle. Je ne leur demande pas de devenir les amis de l'Empire ; il y a des fidélités d'une part, de justes ressentiments de l'autre, qu'il faut savoir respecter : il subsiste sur l'avenir des inquiétudes et des soupçons, que les faits n'ont pas encore complétement réduits au silence ; mais en présence de la grande expérience que le gouvernement, cédant à la voix de l'opinion, a instituée devant le pays, il faut qu'ils prennent un rôle de collaboration active : plus d'abstention (il ne peut guère en être question d'ailleurs), plus d'opposition systé-matique ; de critique radicale et malveillante, ayant pour but, non de préparer le mieux, mais d'entraver et de discréditer le bien. Adopter ce dernier système, c'est rentrer indirectement dans la politique révolutionnaire ; au lieu de provoquer la révolution aujourd'hui et par la force, c'est la préparer de son mieux pour un avenir plus ou moins éloigné, au risque de ne rencontrer, pour prix de ce jeu téméraire, que la réaction ou le gâchis. La France peut-elle devenir libre sans révolution ? telle est la question que posent les événements, et qui, pour tout esprit sérieux et de bonne foi, se confond avec celle-ci : L'Empire peut-il devenir une monarchie libérale ? car je ne pense pas qu'on le croie, ailleurs qu'à la barrière de Clichy, disposé à « mettre la clef sous la porte » à la première sommation. Il n'y a pas de milieu, il faut travailler à faire entrer la liberté dans le cadre des institutions actuelles, ou se déclarer franchement révolu-tionnaire. Dans les premières années de l'Empire, l'opposition libérale a pu se renfermer dans un rôle de critique purement négative, ou, si l'on veut, purement théorique ; la presse a su, dans les conditions douloureuses où elle se trouvait, le remplir avec autant de courage que de talent ; les cinq, n'ayant d'autre arme qu'une parole soigneusement défigurée avant de parvenir au public, ont su, avec l'autorité de la conviction et de l'éloquence, tenir ferme le drapeau du contrôle parlementaire. Mais tout cela, c'est le passé : la situation actuelle n'a rien de commun avec les premières années de l'Empire ; aujourd'hui on peut agir, il faut agir, prendre sa place dans le mouvement actuel, et son rôle dans les transformations utiles qui sont en train de s'accomplir. Si le mouvement s'attarde, il faut le devancer et le presser ; c'est le rôle des oppositions constitutionnelles ; à côté des imperfections de la réalité, elles ont le droit de placer l'idéal, et de réserver l'avenir, mais sans dénigrer injustement le présent, sans oublier les conditions de nécessité, d'opportunité, les transitions nécessaires, si importantes dans la pratique des choses humaines, et que les oppositions méconnaissent trop souvent, soit dans ce qu'elles proposent, soit dans ce qu'elles critiquent.

Deux tendances se combattent en ce moment dans l'opposition libérale : la tendance à l'opposition constitutionnelle, qui corrige et améliore ; la tendance à l'opposition systématique, qui mine et détruit. Elles semblent se livrer bataille, non-seulement dans le sein du parti, mais dans la conscience intime de la plupart de ses membres. D'un côté, les ressentiments et les dévouements anciens, les impatiences qu'irrite trop facilement une désillusion, le déréglement de l'imagination, ou l'étroitesse dogmatique de l'esprit ; de l'autre, la nécessité des choses, le sentiment instinctif du juste et de l'utile, l'amour du bien public, qui impose les sacrifices d'opinion et de sentiment, le frottement des hommes et des choses, qui émousse les angles, l'expérience, qui détruit les illusions, l'empire toujours croissant des idées de tolérance.

La lutte de ces deux influences entraîne des indécisions et des tiraillements qui, je le crains, ne sont pas près de finir, parce qu'ils tiennent à des causes plus fortes que la raison elle-même. Il faut bien l'admettre pour s'expliquer que le parti de l'opposition systématique et révolutionnaire soit encore si puissant.

En effet, si l'on envisage la question au point de vue pratique, au point de vue politique de l'intérêt bien entendu, la thèse de l'opposition radicale paraît insoutenable. Elle n'a pour elle qu'un argument, qui ne résiste pas à l'examen : l'Empire, disent les irréconciliables, essaye en vain de se plier aux institutions libérales ; dans cet effort contre nature, il ne tardera pas à succomber ; deux assertions aussi arbitraires qu'elles sont tranchantes. Un Napoléon souverain constitutionnel, c'est un contraste historique, je l'avoue, et des plus violents ; mais ce n'est ni une contradiction logique, ni une impossibilité matérielle ; et la preuve, c'est que nous voyons, quelque incomplet qu'il soit encore, le phénomène se produire sous nos yeux. Apparence pure, s'écrie-t-on, illusion, duperie ! Le gouvernement personnel a fait semblant de capituler ; mais il n'attend qu'une occasion favorable pour ressaisir son omnipotence : bien naïfs ceux qui prennent au sérieux une évolution, dont le seul but est d'endormir et de tromper le pays ! Je réponds : Bien passionnés ou bien légers ceux qui ne comprennent pas qu'il y a des courants qu'on ne peut remonter, que les coups d'État, lorsqu'il s'agit d'une nation comme la France, peuvent se faire dans le sens de la passion qui la domine, mais jamais au rebours de cette passion ; or, la passion dominante de la France était, en 51, une autorité forte et une direction assurée ; aujourd'hui, c'est la liberté. La nation, d'ailleurs, avec la Constitution nouvelle qui lui a été donnée, a tout ce qu'il faut pour imposer sa volonté et défendre ses droits : le suffrage universel, une presse libre, et une chambre élective, armée de pouvoirs suffisants pour être la maîtresse toutes les fois qu'elle le voudra. Si, avec cela, nous ne savons pas nous défendre, nous ne méritons pas d'être libres. Un de nos travers nationaux, c'est d'aspirer sans cesse à une situation qui soit telle, hommes et institutions, que le pays n'ait plus qu'à se laisser vivre, libre et prospère, content du présent et sûr de l'avenir. Utopie que tout cela ! La vie est un combat, cela n'est nulle part plus vrai qu'en politique : il y aura toujours des dangers à craindre, des intrigues à déjouer, des problèmes à résoudre. Il n'y a de nations libres que celles qui ont su conquérir patiemment, et maintenir laborieusement leurs libertés. Il faut que le pays en finisse avec ces allures de grand seigneur, qui ne cesse de gronder et de changer ses intendants, sans avoir jamais le courage de s'occuper de ses affaires. Si la France ne sait pas vouloir et persévérer, elle ne sera jamais sérieusement libre ; si elle le sait, elle peut être libre sous la dynastie actuelle, comme sous tout autre gouvernement. L'ordre est assuré, point capital ; nous pouvons nous livrer en toute sécurité à la réaction naturelle qui nous reporte vers les idées libérales. Que nous rencontrions quelquefois des résistances dans les traditions napoléoniennes, et dans les habitudes d'un souverain, qui a joui du pouvoir absolu pendant près de dix-huit ans, cela est inévitable, cela est humain. Mais après tout, ce souverain, imbu de ces traditions, habitué à ce pouvoir, qu'il a exercé quelquefois avec succès et avec éclat, trompé longtemps sur le véritable état de l'opinion par de faux renseignements, et par une idée excessive du prestige de son nom et de sa personne, qu'a-t-il fait, lorsqu'il s'est trouvé brusquement, par la leçon que contenaient les élections de 69, placé en face de la réalité ? A-t-il songé à une réaction brutale ? Non ; faisant violence aux préjugés et aux utopies qui semblaient fermer son esprit à la vérité, il n'a pas hésité à sacrifier la Constitution de 52, son œuvre,

pour en revenir aux conditions essentielles de ce parlementarisme, objet si longtemps d'étranges dédains. Responsable
d'un pouvoir exercé longtemps d'une manière absolue, et
fondé par la violence et l'illégalité, il s'est abandonné aux at-
taques de la presse, jusque-là contrainte à tous les ménage-
ments par une législation draconienne, livrée depuis à une
liberté sans exemple parmi nous. Que l'on compare cette
conduite à celle de Louis-Philippe et de M. Guizot, et qu'on
dise de quel côté est la souplesse d'esprit, l'instinct de l'opinion, le sentiment de la puissance irrésistible des idées. Et
c'est le caractère de cet homme qui serait un obstacle invincible à l'édification de la liberté! Mais les vieilles habitudes,
dit-on, les regrets, les arrière-pensées! Que de fois n'ai-je
pas, depuis quelques mois, rencontré cette objection dans la
bouche de personnes appartenant à toutes les opinions et à
toutes les classes! Que d'esprits honnêtes et éclairés n'ai-je
pas vu se butter à cette idée, et faire dépendre leurs espérances et leur conduite d'une sorte d'analyse psychologique
de la pensée impériale! Éclatant témoignage de cette disposition bien française à attendre tout du chef suprême, le mal
comme le bien! Étrange libéralisme, qui subordonne les destinées de la France et la conduite des partis politiques aux
prétendues arrière-pensées d'un homme, pour lequel ceux
qui parlent ainsi ne professent pour la plupart que haine
et dédain! Étrange confiance dans la puissance de la vérité,
dans l'énergie de la volonté nationale! L'Empereur est plus
modeste : il sait qu'il y a des mouvements, contre lesquels ne
peuvent prévaloir ni préfets ni chassepots!

Prétendre que l'Empire ne peut devenir libéral, c'est émet-
tre une assertion que rien ne justifie; affirmer une révolution
prochaine n'est pas moins arbitraire. Je sais que les assertions de ce genre trouvent facilement crédit auprès d'un certain nombre de personnes. Les révolutions trop nombreuses

auxquelles nous avons assisté, l'étrangeté et l'imprévu des
événements qui les accompagnent, la régularité, en quelque
sorte périodique, avec laquelle elles semblent se reproduire,
ont déterminé dans beaucoup d'esprits une croyance singulière ; c'est que, dans la situation actuelle de la France, les
gouvernements qui s'y succèdent n'ont qu'un temps à vivre ; au
bout d'un certain nombre d'années, qu'on ne précise pas, une
force mystérieuse se manifeste, qui les affaiblit et les précipite
vers leur chute. Cette force mystérieuse agit d'ailleurs comme
la Providence, dont les voies sont cachées ; prenez l'un des
adeptes de ce singulier dogme, et essayez de lui montrer, par
des raisons tirées de l'ordre matériel ou moral, qu'une révolution est, dans telle situation donnée, improbable ou impossible ; il vous prendra pour un petit esprit, et répondra victo-
rieusement à tout ce que vous pourrez dire : Les révolutions
se font on ne sait comment. Aussi, dès que s'élèvent des difficultés, dès que la machine politique, pour employer une
expression vulgaire, ne marche plus toute seule, on ne peut
manquer, surtout si le gouvernement a déjà un âge respectable, d'entendre de toutes parts des prophètes qui se ré-
pandent dans Israël, en annonçant une révolution prochaine.
Singulier mysticisme, développé, chez les uns, par l'espérance,
chez les autres, par la crainte, chez tous, par l'exagération
absurde de deux idées justes. Il est parfaitement vrai que
le gouvernement issu d'un coup de force, révolution ou coup
d'État, s'il arrive à se consolider, se trouve, pendant un certain nombre d'années, dans une situation particulièrement
favorable : sans parler des forces matérielles, qui l'ont fondé
et qui le soutiennent, il répond à une situation, il représente
une aspiration nationale, il satisfait un besoin dominant ;
mais bientôt tout se transforme autour de lui, de nouvelles
générations surgissent, de nouveaux courants se révèlent, de
nouveaux besoins se font sentir ; c'est pour lui une crise, mais

une crise, dont il peut sortir rajeuni, s'il sait lui-même se transformer, s'accommoder à la situation nouvelle, satisfaire d'autres aspirations par une autre politique; et la tâche n'est pas difficile, s'il veut se laisser sincèrement éclairer et guider par la nation. Il est donc vrai de dire que les gouvernements doivent, au bout d'un certain nombre d'années, subir une crise, nullement qu'ils doivent y succomber. De même, il est vrai de dire que les révolutions sont des événements irréguliers, où le hasard et l'imprévu ont leur grande part ; mais cela n'empêche pas qu'elles n'aient aussi leurs lois, leurs conditions de probabilité et de possibilité. Cela prouve que les gouvernements ne doivent jamais, dans leur résistance à l'opinion, s'approcher trop près de la limite où une explosion devient possible : cela ne prouve pas qu'il soit, en fait de révolutions, interdit de raisonner et impossible de prévoir.

Or il est un point incontestable, c'est qu'on ne peut faire une révolution en France qu'en se rendant maître de Paris : il en est un autre non moins certain, c'est que si l'on considère l'esprit de l'armée, la transformation de la capitale, l'armement nouveau, il serait absurde de songer à une insurrection; s'il en était autrement, elle serait faite depuis longtemps. Croit-on donc qu'armé de la sorte, le gouvernement va s'abandonner lui-même, comme il l'a fait en 48 ? On ne peut l'espérer, ni de l'Empereur actuel, ni d'une personne quelconque, ayant les traditions de son gouvernement ; d'ailleurs, il faut bien le dire, la surprise de 48, et l'horrible lutte de juin ont guéri la nation de ses velléités d'indulgence sentimentale en face de l'émeute. « Verser le sang du peuple, » cette phrase a fait reculer Louis-Philippe ; mais ce jour-là, elle a perdu pour jamais son crédit, car on a vu comment, en ménageant la vie de quelques hommes, on pouvait exposer les destinées d'une nation.

Mais, me dira-t-on, n'y a-t-il donc que les forces matérielles, et ne peut-il se produire un tel mouvement d'opinion, un tressaillement si universel dans le pays, qu'il porte le désarroi dans ces forces même, qu'il arrête un commandement sur les lèvres d'un chef, ou dresse en l'air la crosse des fusils? Cela est possible, je le crois, malgré les souvenirs de 48 et de 51, malgré les impressions, justes ou regrettables, qu'ils ont laissées dans l'esprit de l'armée; je le croirai toujours, quand il s'agira de la France; il me serait trop cruel de supposer qu'il en fût autrement, et que mon pays pût être longtemps asservi, par la force brutale, à une tyrannie absurde et détestée. Mais que les irréconciliables cessent de prendre leurs exaltations pour le sentiment du pays, leurs espérances chimériques pour la réalité : nous ne sommes pas dans une telle situation, nous n'y marchons pas, nous y tournons le dos. Pour qu'elle se produise, il faut une résistance prolongée du pouvoir aux volontés manifestes du pays. Aussi, ce ne sont pas les oppositions, ce sont les gouvernements qui font les révolutions : c'est par l'obstination dans une résistance déraisonnable et irritante, que le pouvoir s'aliène les opinions modérées, et, frappé alors d'une impopularité à peu près universelle, succombe sous les coups des partis exaltés. Ceci est plus vrai que jamais en présence d'un pays, dont le sentiment le plus puissant peut-être est encore la crainte d'un bouleversement. Donc annoncer aujourd'hui une révolution comme probable, c'est une assertion démentie par les faits : l'affirmer comme certaine, c'est un non-sens.

Et pourtant quel est le seul argument politique que puissent invoquer les irréconciliables, le seul qui puisse justifier l'attitude d'expectative hostile et dédaigneuse, qu'ils prétendent maintenir en présence des transformations qui s'opèrent sous nos yeux? C'est précisément cette affirmation gratuite : l'impossibilité pour le gouvernement de traverser sa crise actuelle, la certitude d'une révolution prochaine.

Ainsi, de quelque côté que nous envisagions la question, au point de vue des tendances intellectuelles dominantes, comme au point de vue des intérêts positifs du pays, au point de vue de la volonté nationale, comme au point de vue des possibilités et des probabilités de l'avenir, nous aboutissons toujours à la même conclusion : plus d'opposition systématique, absolue, radicale ; ce n'est qu'une des formes de la politique révolutionnaire ; tous les esprits politiques libéraux, à quelque parti qu'ils appartiennent, doivent accepter l'expérience à laquelle nous assistons, travailler à édifier la liberté sans révolution, c'est-à-dire à faire entrer la liberté dans les institutions impériales ; chacun doit agir, cela va de soi, selon ses convictions et son idéal, mais chacun doit faire œuvre pratique et positive, chacun doit proposer ce qu'il croit actuellement bon et réalisable ; la critique elle-même, en s'attaquant à une idée pratique, ne doit jamais avoir pour but que de préparer le triomphe d'une idée meilleure ; c'est la seule opposition politique et bienfaisante, l'opposition constitutionnelle.

Une attitude franchement constitutionnelle, voilà le mot d'ordre de la situation. Quelles dispositions rencontre-t-elle chez les différents partis libéraux ? Quels obstacles peut-elle trouver dans leurs habitudes, leurs passions et leurs croyances ?

Le parti monarchique se trouve certainement, à cet égard, dans une position plus facile que le parti républicain. On trouvera sans doute, parmi les légitimistes et les orléanistes, des ennemis de l'empire aussi sincères que possible ; mais ces convictions passionnées sont peu nombreuses : les royalistes de la branche aînée ou de la branche cadette n'ont actuellement aucun espoir raisonnable d'amener au pouvoir leur prétendant. De 49 à 51, ils ont pu compter sur les intrigues parlementaires, le chaos des partis, la lassitude qu'inspirait à une grande partie de la nation le gouvernement républicain. Rien de tout cela n'existe aujourd'hui ; quant à la force matérielle, ils ne peuvent y songer : les révolutions se font à Paris, et le peuple de Paris peut se battre pour la République, jamais pour Henri V ou les d'Orléans. Or, un parti qui n'a aucune chance de succès est constamment entamé : les croyances et les sentiments dynastiques ont aujourd'hui trop peu de force pour lutter contre une pareille cause d'affaiblissement et de dissolution. Jusqu'ici l'orléanisme avait pour lui une force morale : il représentait une idée, une forme politique : la monarchie libérale et parlementaire. Les concessions de 59 lui ont porté un coup terrible, qui deviendra mortel, si l'expérience est menée à bonne fin. En voyant fonc-

tionner sous leurs yeux, sous les yeux de la nation, attentive
et sympathique, ce gouvernement parlementaire, qui est,
après tout, leur première et leur meilleure conviction, les
royalistes, ou du moins, parmi eux, les esprits les plus ouverts
et les plus actifs, ne pourront résister au désir d'entrer dans
l'arène. Une fois engagés dans l'action, leurs instincts modérés et conservateurs les reporteront naturellement du
côté du pouvoir, dans les luttes qu'il aura à soutenir contre
les impatiences et les exagérations de la démocratie. C'est
ainsi que, par la force des choses, ils en viendront à ne plus
se distinguer que par des nuances de plus en plus impercep-
tibles, de cette fraction du parti monarchique, qui se déclare
hautement conservatrice en même temps que libérale, et qui
se compose d'impérialistes sincèrement convertis aux idées
de liberté, ou d'anciens libéraux, qui, avec des nuances diverses de sentiment, ont accepté l'empire. Ce parti, dans
lequel je ne range, cela va sans dire, que ceux chez qui
l'amour de la liberté est aussi profondément sincère que
l'horreur des révolutions, ce parti se trouve aujourd'hui en
face d'une situation merveilleusement favorable, et doit devenir le noyau de la grande union libérale. Son rôle naturel
est de provoquer, par ses paroles, par ses actes, par son attitude constante, une conciliation si désirable de toutes les
nuances libérales, d'apporter à cette œuvre de propagande
l'empressement qui attire, le tact qui évite d'irriter les scrupules, de conserver toujours cette indulgence et cette longa-
nimité, que les heureux doivent aux ulcérés, d'abdiquer toute
rancune, tout préjugé, de n'exiger pour l'entente qu'une condition : la répudiation formelle de tout autre moyen que les
moyens franchement constitutionnels. Son premier devoir
surtout est d'être, en toute circonstance, d'une irréprochable
loyauté envers le programme libéral, de ne jamais le trahir
dans le fond ou l'humilier dans la forme, soit par faiblesse,

soit par impatience d'avoir à lui les grosses forces matérielles. Qu'il sache les attendre, elles viendront le trouver.

En résumé, si nous envisageons le parti monarchique libéral dans son ensemble, et abstraction faite de quelques
convictions et de quelques dévouements obstinés, nous y
trouvons un terrain favorable aux idées de conciliation et
d'union dans la liberté. Du côté du parti républicain, ces
idées rencontrent, dans les sentiments et dans les doctrines, des résistances bien plus profondes et plus difficiles à
vaincre.

Et d'abord c'est la République qui a été détruite au 2
décembre, c'est le parti républicain qui a eu alors à supporter les coups les plus nombreux et les plus durs; de là
des ressentiments encore vivaces, des résistances invincibles
à certaines concessions et à certaines alliances, des scrupules
souverainement respectables, auxquels je ne me donnerai pas
le ridicule de faire la leçon. Il faut compter ici sur le temps,
sur la force des choses et des situations, sur les exigences,
de plus en plus claires et impérieuses, de l'intérêt public et
de la volonté nationale.

Autre point : Le parti républicain n'est pas, au même
degré que les partis royalistes, manifestement condamné à
désespérer, pour le succès de ses idées, des moyens révolutionnaires, et ces moyens ne sont, hélas ! que trop con-
formes à ses traditions. Je ne parle pas des socialistes et des
jacobins, dont le rêve permanent est l'insurrection. Je parle
d'un grand nombre de républicains modérés et libéraux,
qui ne parlent que d'opposition légale, et qui peut-être eux-
mêmes ne se rendent pas bien clairement compte de certaines
espérances, de certains souvenirs, de certaines arrière-pensées, qui vivent au fond de leur cœur, comme un vieux fer-
ment révolutionnaire. C'est là ce qui imprime à leur conduite
un caractère indécis, et, il faut bien le dire, légitimement

suspect pour ceux qui répudient absolument tous autres moyens que les moyens de liberté et de légalité. Certes on est incapable de provoquer une émeute, on sait même au besoin s'y opposer franchement; mais qui connaît les secrets de l'avenir? On a tant de *journées* dans ses souvenirs; si une insurrection heureuse ramenait la République! Ce ne serait qu'une revanche, après tout... Funeste compromis, qui égare et trouble beaucoup d'honnêtes esprits! Déplorable héritage de nos discordes et de nos violences! Erreur singulière d'un parti qui se dit par-dessus tout démocratique, et qui oublie que la démocratie est le règne de la volonté nationale, qui ne veut être violentée par aucun coup de force, qu'il vienne du peuple ou de l'armée, de la rue ou du château. Le parti républicain libéral ne semble pas se rendre compte du tort que lui font dans l'opinion ces tendances équivoques, ces indulgences étranges pour les tentatives de désordre, cette attitude défiante et acrimonieuse en présence des moyens employés par l'autorité pour les prévenir et les réprimer. Le premier de tous les services que le gouvernement puisse rendre à la liberté, c'est de contenir, avec une irrésistible énergie, les éléments de désordre qui fermentent à Paris, et de faire éclater leur impuissance aux yeux des plus sottement timides, comme aux yeux des plus follement téméraires. Que les libéraux républicains comprennent enfin cette vérité de simple bon sens; qu'ils renoncent à des espérances malsaines; qu'ils se pénètrent de cette vérité que ce serait, dans l'intérêt même des idées républicaines, un profond malheur, que la République imposée de nouveau, par le succès d'une émeute, à la France surprise, inquiète et mal préparée; qu'ils répudient, avec une entière sincérité, les traditions révolutionnaires; qu'ils rompent avec ceux de leurs coreligionnaires qui veulent les conserver; qu'ils professent hautement et montrent par leur attitude qu'ils se considèrent comme aussi loin d'un républicain révolutionnaire qu'ils sont près d'un monarchiste libéral. Ils rendront ainsi un signalé service à la cause de la liberté et de la tolérance, en même temps qu'ils dégageront l'idée républicaine de compromissions funestes, qui la discréditent auprès d'une partie considérable et influente de l'opinion.

Mais, pour entrer franchement dans cette voie, il faut qu'ils se dépouillent d'abord d'un préjugé qui trouble parmi eux beaucoup de généreux esprits : un grand nombre considère la République non-seulement comme la meilleure forme de gouvernement, mais comme la seule admissible et légitime. C'est la théorie de la République de droit divin, suivant l'expression très-juste qu'on a souvent employée pour la désigner. Dépaysée dans notre siècle d'analyse prudente et sceptique, cette doctrine a un premier défaut : elle blesse les esprits les plus éclairés, les plus délicats, par un caractère dogmatique et absolu, incompatible avec les progrès du sens historique, qui est par-dessus tout le sens du relatif. Mais, après tout, une école politique n'est pas une académie, et ce ne serait là qu'un défaut bien secondaire, si une erreur de théorie pouvait rester sans conséquences dans la pratique ; malheureusement il n'en peut être ainsi ; c'est un principe qui se vérifie ici comme ailleurs. L'école dont nous parlons fait de la République une vérité absolue, un dogme, un article de foi ; partie du dogmatisme, elle ne peut aboutir qu'à l'intolérance ; la conséquence rigoureuse de cette doctrine serait qu'un républicain, fût-il seul, aurait le droit d'imposer au reste de la nation la seule forme de gouvernement qui soit légitime. On ne va pas jusque-là, je le sais, on s'arrête à une demi-intolérance ; les uns professent l'abstention, se rencontrant sur ce point avec les légitimistes, c'est-à-dire avec les adeptes d'une doctrine également absolue, bien que placée aux antipodes de la leur ; les autres

subissent des gouvernements monarchiques, et s'allient à des
monarchistes pour les combattre ; mais, comme les ultramon-
tains qui, forcés d'admettre la liberté de conscience, s'ex-
cusent sur le malheur des temps, les républicains « radicaux, »
en entrant dans le mouvement politique, « réservent les principes ; » s'ils participent à la vie publique, c'est pour rendre
service à la bonne cause, c'est par tactique révolutionnaire ;
ils considéreraient comme une trahison l'opposition elle-
même, si elle devenait franchement constitutionnelle. Je crois
inutile d'insister sur ce que cette attitude a d'illibéral et de
contraire au bien public, plus inutile encore de discuter lon-
guement l'idée dogmatique dont elle est la conséquence.
Sans me jeter dans une théorie philosophique de la souveraineté, je ferai seulement remarquer que, du moment où
l'on accepte le principe qui sert de base à la constitution
politique de la France moderne, le principe de la souveraineté
nationale, manifestée par le suffrage universel, il est inad-
missible qu'on prétende élever au-dessus de ce principe lui-
même les droits d'une certaine forme de gouvernement,
considérés comme absolus ; on peut professer que la République est le beau, l'utile, le juste, l'idéal, mais non qu'elle
est légitime par elle-même, sans la consécration de la volonté
nationale.

Cette volonté est seule souveraine en droit, comme elle
l'est en fait dans tout gouvernement libre : on peut dire
qu'ici le droit et le fait se confondent en quelque sorte,
car il est impossible, avec la liberté, de maintenir longtemps
une institution, quelle qu'elle soit, qui n'aurait pas pour
elle les sentiments et les convictions de la majorité. Toute
tentative, toute velléité, manifestée par un parti, de s'élever
contre ces sentiments et ces convictions, ne peut être pour
lui qu'une cause d'affaiblissement et de discrédit. Lorsque
tous les républicains raisonnables se seront bien pénétrés de

cette vérité, ils comprendront que les intérêts de leur parti,
aussi bien que le droit politique moderne, leur font un
devoir de renoncer enfin à toute prétention absolue ; ils
comprendront qu'il ne leur reste qu'un rôle possible : conserver leurs croyances et chercher à les propager, mais en
les soumettant au contrôle souverain de l'opinion, et aux
nécessités de l'intérêt public, entrer sans arrière-pensée
dans le mouvement politique, travailler sincèrement et utile-
ment, avec les autres fractions du parti libéral, à donner au
pays des institutions libres et démocratiques. Il devrait être
facile de modérer ses impatiences, quand on est convaincu
qu'on a pour soi l'avenir : cette confiance dans l'avenir, les
républicains la professant hautement, et, à vrai dire, il me
semble que leur idée aurait bien des chances de succès,
le jour où la France, remise de ses frayeurs par le fonction-
nement libre et régulier du suffrage universel, habituée à
compter pour sa sûreté sur sa propre vigilance et sur la force
des lois et de l'opinion, n'aurait plus, dans le choix d'une
forme d'un gouvernement, qu'à suivre le penchant naturel
de son esprit pour les idées simples et absolues.

Nous venons de passer en revue les différents partis qui
composent en France l'opinion publique, en demandant à chacun d'eux quel concours il peut apporter à l'œuvre de réforme
conservatrice et libérale, que la nation a mise à l'ordre du jour.
Mais, parmi les éléments qui composent le suffrage universel,
il y en a un, qui n'est, à vrai dire, ni un parti, ni une opinion,
qui mérite pourtant qu'on en tienne grand compte, et qui n'est,
hélas ! que trop puissant parmi nous. C'est lui qui représente en
politique la force d'inertie. Interrogez ce paysan illettré, et
courbé sous le labeur quotidien, ce négociant absorbé dans ses
spéculations, ce petit rentier paisible et timide ; entretenez-les
des affaires publiques ; vous reconnaîtrez bien vite qu'ils n'ont
en réalité aucune opinion ; car on ne peut appeler de ce nom

un vague instinct conservateur, qui les pousse, sans aucune idée déterminée, à craindre le mouvement et à soutenir le *statu quo*. Ils ne sont pas absolutistes, car l'absolutisme est une doctrine après tout ; mais le plus léger désordre, la moindre apparence de danger vont les rejeter, éperdus, dans les bras du pouvoir. Indifférents en principe aux mouvements de la vie publique, ils ne s'en préoccupent que le jour où ils s'aperçoivent ou se figurent que leurs intérêts peuvent y être compromis. Ce jour-là ils perdent la tête : l'expression populaire de mouton enragé n'est pas trop forte pour peindre leur état d'esprit. C'est là que dans les moments de crise le parti réactionnaire et absolutiste trouve son formidable point d'appui ; c'est de là que part le cri : l'ordre à tout prix, et surtout qu'on fasse vite : on ne pourrait supporter longtemps de pareilles angoisses. Gens honnêtes, après tout, bons citoyens dans le sens négatif du mot, mais que leur condition ou la nature de leur esprit a empêchés de s'élever à un point de vue vraiment politique. Des institutions libres, fonctionnant régulièrement, en réduiraient bientôt le nombre. Le sentiment patriotique, qui après tout n'est qu'assoupi chez la plupart d'entre eux, l'attrait des grandes discussions dans le parlement et dans la presse, la connexité des intérêts publics et des intérêts privés, rendue plus sensible par une décentralisation libérale, toutes ces causes tendraient à en faire petit à petit ce qu'ils doivent être en définitive : des conservateurs un peu timides, mais animés des meilleures intentions. En attendant, ils forment une masse puissante, que les libéraux ont intérêt à ménager, même dans ses susceptibilités excessives, en évitant tout ce qui pourrait inquiéter les intérêts matériels, tout ce qui pourrait avoir l'apparence de la violence et du désordre : les républicains n'ont pas su le faire : qu'on voie ce qu'il leur en a coûté.

———

V

Résumons la série d'idées que nous avons essayé de déduire dans ces quesques pages :

De 48 à 51, on a tenté vainement de fonder un gouvernement libre et démocratique ; la cause principale, décisive, de cet échec a été dans l'hostilité des partis, dans leurs violences, leurs intrigues, leur attitude ouvertement ou hypocritement révolutionnaire. La même expérience se renouvelle aujourd'hui, va-t-elle amener les mêmes fautes ? L'esprit de parti n'a pas désarmé ; les ambitions, les rancunes, les fanatismes, les tendances révolutionnaires n'ont pas disparu ; mais le mouvement libéral-conservateur, qui domine la situation actuelle, contient un élément nouveau, une force politique nouvelle, une idée, qui tend à dissoudre les anciens partis, et à les absorber dans un point de vue supérieur, à la fois plus élevé et plus pratique. Écoutez le cri de l'opinion : *Union libérale, liberté sans révolution !* c'est-à-dire entente pour la revendication de la liberté par des moyens purement constitutionnels ; subordination à ce point de vue supérieur des questions de parti proprement dites, des questions qui touchent à la forme ou plutôt au titre du gouvernement central. Et l'instinct populaire se trouve ici d'accord avec les conclusions des politiques : la liberté est impossible avec la centralisation qui nous opprime ; supprimer cette centralisation, poser les assises de la liberté pratique, organiser le matériel du *self-government*, voilà ce qu'elle doit faire si elle veut cesser d'osciller sans cesse entre la révolution et le despotisme. Ce principe est incompatible avec l'idée révolutionnaire, dans son but comme dans ses moyens. Il exige que les libéraux de toutes les nuances renoncent aux idées, aux passions, aux prétentions qui ont jusqu'ici constitué les partis, qu'ils s'unissent pour travailler à l'œuvre commune sur un terrain franchement constitutionnel. Légalité, union, libéralisme, tolérance, autant de formes diverses de la même pensée, autant de nécessités de la situation. Quelles résistances cette idée peut-elle rencontrer dans l'état actuel des partis ? Nous avons cru pouvoir nous permettre également de l'examiner ; nous n'irons pas plus loin dans le sens des conclusions pratiques; nous n'avons pas l'outrecuidance de donner des conseils, jusque dans les questions de détail et de nuance, aux hommes considérables ou éminents, qui, au Corps législatif, dans la presse ou ailleurs, vont diriger les partis, influer sur l'opinion, conduire les affaires du pays. Nous n'avons qu'un vœu à formuler : c'est que l'intérêt public, le sentiment des nécessités pratiques, le vœu manifeste de l'opinion ne cessent d'être présents à leur esprit ; c'est qu'ils cherchent la liberté, rien que la liberté, c'est qu'ils soient toujours prêts, d'une part, à maintenir, avec une invincible fermeté, les revendications libérales, de l'autre à subordonner à cet intérêt actuel et supérieur, tous les ressentiments et les partis pris. C'est pourquoi, à chaque détermination qu'ils ont à prendre, nous voudrions qu'une voix toujours présente leur répétât ces mots : Souvenez-vous de ce qui est arrivé de 48 à 51.

Aujourd'hui comme alors, l'esprit de parti, les arrière-pensées révolutionnaires sont le principal danger de la situation. Beaucoup aimeront mieux accuser les ambitions personnelles, les compétitions intéressées; ce sera le thème de l'opposition radicale, ce sera surtout celui des ennemis de la liberté. L'inexpérience des institutions libres, redevenues pour nous une nouveauté, les difficultés et les tiraillements insépa-

rables d'une transformation profonde, fourniront peut-être
bien des prétextes à ces accusations ; elles séduiront facilement
les-esprits superficiels, toujours enclins à considérer les faits
généraux par leur côté personnel et dramatique. Mais pour
ceux qui regardent au fond des choses, il est clair qu'aujour-
d'hui les ambitions individuelles ne peuvent rien, si elles
ne s'appuient sur l'opinion ; il est clair que les rivalités
et les compétitions, inséparables du régime parlementaire, ne
peuvent enrayer le mouvement actuel, si elles trouvent devant elles, dans la nation et dans la chambre, une majorité
consciente d'elle-même, et fortement attachée à cette devise :
Conservation et liberté.

Paris. — Imprimerie de CUSSET et C°, rue Racine, 26.